Baron de Beurnonville

VENTE DES VENDREDI 30 ET SAMEDI 31 JANVIER 1885

HOTEL DROUOT, SALLE Nº 8.

280

TABLEAUX

DES

DIFFÉRENTES ÉCOLES

EXPOSITION PUBLIQUE

LE JEUDI 29 JANVIER 1885

De 1 heure à 5 heures.

COMMISSAIRE-PRISEUR

Mᵉ **PAUL CHEVALLIER**, 10, rue de la Grange-Batelière,

EXPERTS

M. E. FÉRAL, Peintre, | **M. B. LASQUIN**,
54, Faubourg-Montmartre. | 21, rue Laffitte.

IMPRIMÉ PAR PILLET ET DUMOULIN
RUE DES GRANDS-AUGUSTINS, 5, A PARIS.

280 TABLEAUX

CATALOGUE

DE

280 TABLEAUX

DES ÉCOLES

Flamande, Hollandaise, Allemande,

Française, Anglaise, Italienne et Espagnole

TABLEAUX GOTHIQUES

QUELQUES TABLEAUX MODERNES

DONT LA VENTE AURA LIEU

HOTEL DROUOT, SALLE N° 8

Les Vendredi 30 et Samedi 31 Janvier 1885,

A DEUX HEURES.

Par le ministère de Mᵉ Paul CHEVALLIER, commissaire-priseur,
10, rue Grange-Batelière,

EXPERTS

M. E. FÉRAL, Peintre,	M. B. LASQUIN,
54, Faubourg-Montmartre.	12, rue Laffitte.

Chez lesquels se trouve le présent Catalogue.

EXPOSITION PUBLIQUE : le Jeudi 29 Janvier 1885,
De une heure à cinq heures.

CONDITIONS DE LA VENTE

La vente sera faite au comptant.

Les acquéreurs payeront *cinq pour cent* en sus des enchères applicables aux frais.

Paris. — Typ. Pillet et Dumoulin. 5. rue des Grands-Augustins.

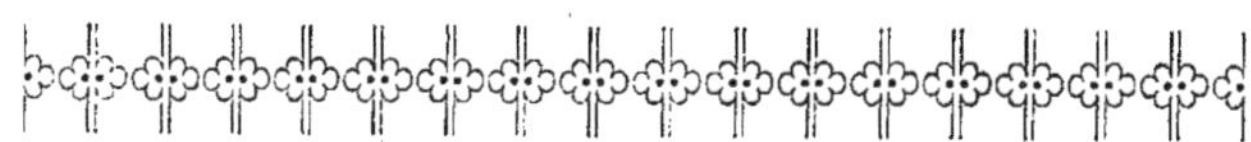

DÉSIGNATION

ÉCOLES FLAMANDE

HOLLANDAISE ET ALLEMANDE

CHAMPAIGNE (attribué à Ph. de)

I — *La tête de saint Jean-Baptiste posée sur un plat.*

Toile. Haut., 55 cent.; larg., 66 cent.

CHAMPAIGNE (genre de Ph. de)

2 — *Portrait d'une carmélite.*

A mi-corps, tenant un livre de prières.

Forme ovale. Haut., 73 cent.; larg., 58 cent.

COQUES (genre de GONZALÈS)

3 — *Portrait de femme.*

Cadre noir.

Bois. Haut., 22 cent.; larg., 17 cent.

CRANACH

4 — *Judith tenant la tête d'Holopherne et une épée.*

Costume du XVIᵉ siècle.

Bois. Haut., 17 cent.; larg., 15 cent.

CUYP (LE VIEUX)

5 — *Portrait de jeune femme.*

Assise dans un fauteuil, tournée vers la gauche, en robe de soie avec corsage brodé, elle tient un gant de la main gauche.

Bois. Haut., 5o cent.; larg., 47 cent.

DURER (attribué à A.)

6 — *Portrait de Willibald Pirckheimer.*

Représenté de trois quarts, tourné vers la droite, coiffé

d'une toque rouge à bords dentelés, vêtu d'un pourpoint tailladé de même couleur avec parement en fourrure. Il tient à la main un manuscrit roulé.

Dans le fond, le monogramme d'Albert Durer et la date 1515.

Bois. Haut., 41 cent.; larg., 35 cent.

DURER (Ecole de A.)

7 — *Portrait de jeune homme.*

De face, chevelure bouclée, robe noire. En buste.

Bois. Haut., 35 cent.; larg., 26 cent.

DYCK (Anton van)

8 — *Un Apôtre.*

En buste, presque de face, longue barbe et cheveux blancs, enveloppé d'un manteau vert.

Collection Mailand.

Toile. Haut., 61 cent.; larg., 47 cent.

DYCK (Anton van)

9 — *Portrait d'homme.*

A mi-jambes, la main droite appuyée sur le coin d'une table, tenant ses gants de la main gauche; il est vêtu d'un pourpoint de soie blanche et d'un manteau noir.

Esquisse grisaille.

Haut., 25 cent.; larg., 20 cent.

DYCK (attribué à ANTON VAN)

10 — *Portrait du Président Roose.*

Le portrait est ainsi décrit dans le catalogue de la Galerie du vicomte du Bus de Gisignies, rédigé par M. Édouard Fétis :

« Tourné vers la droite, vu de trois quarts : tête fine, intelligente ; le nez ferme et droit, mince à l'extrémité ; les yeux noirs et vifs, cheveux gris, impériale grise ; comme signe particulier, ainsi qu'on dirait dans une pièce officielle, une moustache brune et une grise. Vêtement de velours noir, sur lequel est rabattu un col blanc. La tête, très lumineuse, s'enlève sur un fond brun verdâtre. » (Voir les commentaires qui suivent.)

Collection Van Camp, Anvers, 1853.

Toile. Haut., 61 cent.; larg., 49 cent. 1/2.

DYCK (École de A. VAN)

11 — *Un Apôtre.*

Vieillard à cheveux blancs et longue barbe, drapé dans un ample manteau brun, un bâton à la main, un bissac pendu à une lanière passée en bandoulière. Figure à mi-corps, de grandeur naturelle.

Toile. Haut., 1 m. 06 cent.; larg., 82 cent.

DYCK (attribué à A. VAN)

12 — *La résurrection de Lazare.*

Esquisse en grisaille.

> Bois. Haut., 27 cent.; larg., 37 cent.

DYCK (attribué à A. VAN)

13 — *Portrait d'homme.*

En buste, tête découverte, col blanc recouvrant un pourpoint noir.

> Toile marouflée. Haut., 42 cent.; larg., 36 cent.

DYCK (École de A. VAN)

14 — *Sainte Madeleine en prière.*

> Toile cintrée. Haut., 53 cent.; larg, 37 cent.

DYCK (École de A. VAN)

15 — *Tête d'homme.*

> Toile. Haut., 52 cent.; larg., 45 cent.

DYCK (genre de A. Van)

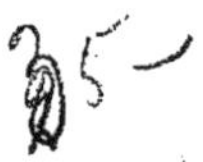

16 — Portrait de Rubens.

De trois quarts à gauche, coiffé d'un chapeau de feutre et recouvert d'un manteau noir.
Cuivre, forme ronde.

Diam., 24 cent..

DYCK (d'après A. van)

17 — *La mise au tombeau.*

Toile. Haut., 48 cent.; larg., 37 cent.

DYCK (d'après A. van)

18 — *L'abbé Scaglia.*

Debout, le bras droit appuyé sur le piédestal d'une colonne.

Toile. Haut., 41 cent.; larg., 24 cent.

ÉCOLE ALLEMANDE

19 — *Madeleine.*

Cuivre. Haut., 33 cent.; larg., 25 cent.

ÉCOLE FLAMANDE

20 — *Saint Marc et saint Ignace.*

Deux petits volets de triptyque peints en grisaille.

Bois. Haut., 29 cent.; larg., 11 cent.

ÉCOLE FLAMANDE (xvie siècle)

21 — *Portrait d'un donateur tenant un livre d'heures.*

Derrière lui un moine et un autre personnage.

Bois. Haut., 47 cent.; larg., 75 cent.

ÉCOLE FLAMANDE

22 — *Tête de la Vierge.*

Peinture sur fond doré.

Bois. Haut., 42 cent.; larg., 34 cent.

ÉCOLE FLAMANDE (XVIe siècle)

23 — *Invocation à la Vierge.*

Une donatrice est agenouillée devant la Vierge qui s'é-
lève dans les cieux escortée de deux anges soutenant une
couronne au-dessus de sa tête.

De chaque côté, sainte Catherine et saint Pierre debout.

Bois. Haut., 34 cent.; larg., 26 cent.

ÉCOLE FLAMANDE (XVIe siècle)

24 — *Portrait de femme.*

En buste, avec collerette tuyautée.

Bois. Haut., 23 cent.; larg., 18 cent.

ÉCOLE FLAMANDE

25 — *Les fauconniers.*

Bois. Haut., 48 cent.; larg., 43 cent.

ÉCOLE HOLLANDAISE (XVIe siècle)

26 — *Portrait de femme coiffée d'une cornette blanche.*

Toile. Haut., 45 cent.; larg., 36 cent.

FLINCK (Govaert)

27 —· *Portrait d'homme.*

Vu de trois quarts, en buste, cheveux noirs, barbe et moustaches grises, le visage coloré et sillonné de rides ; costume noir, col plissé à tuyaux.

On lit à droite : *Ætatis* 65. — 1638.

Bois. Haut., 62 cent.; larg., 51 cent.

FLINCK (G.)

28 — *Portrait d'homme.*

En buste, de trois quarts à droite, toque noire ornée d'un bijou, barbe et cheveux grisonnants.

Tolle. Haut., 52 cent.; larg., 41 cent.

GOLTZIUS (École de)

29 — *Jésus à la colonne.*

Assis, un linge sur les genoux, entouré de trois personnages.

Au fond, on aperçoit des monuments.

Bois. Haut., 25 cent.; larg., 20 cent.

HALS (Franz)

30 — *Le joyeux buveur.*

1700

Coiffé d'un bonnet de loutre, penché sur la table, la pipe à la main, il presse amoureusement une canette d'étain sur sa poitrine et rit aux éclats.

Toile. Haut., 6o cent.; larg., 5o cent.

HALS (genre de)

31 — *Portrait d'homme.*

A mi-corps, visage de face avec moustache et barbiche, coiffé d'un chapeau noir, la main droite appuyée sur la hanche et tenant ses gants de l'autre main.

Bois. Haut., 8o cent.; larg., 6o cent.

HAMILTON

32 — *Fleurs et insectes, près d'une tête de mort.*

Bois. Haut., 18 cent.; larg., 13 cent.

HELST (attribué à VAN DER)

33 — *Portrait d'homme.*

En buste de trois quarts, la tête découverte, regardant
de face.

310

Toile. Haut., 74 cent.; larg., 60 cent.

HERLEN (FRÉDÉRIC)

34 — *Grand triptyque.*

Le panneau central représente le Calvaire. Le Christ
vient d'expirer sur la croix. A gauche, la Vierge s'évanouit
dans les bras des saintes femmes. Une foule de personnages
en riches costumes, des seigneurs à cheval, des cavaliers
bardés de fer, des gardes, entourent la croix. A droite et à
gauche, le portrait de la donatrice et du donateur, à genoux,
auprès des écussons à leurs armes. Des montagnes à l'ho-
rison se découpent sur le fond d'or qui représente le ciel.
— A droite de la croix, un reste d'inscription : *anno Dni,*
1443 *ou* 45.

 Volet-de droite : le Festin d'Hérode et la Décollation de
saint Jean-Baptiste.

 Volet de gauche : le Baptême du Christ, avec le Père
Éternel dans une gloire, entouré d'anges.

3600.

Extérieur du volet de droite : saint Jean-Baptiste et une Sainte, le cou traversé d'une épée, et deux figures de petite dimension.

Extérieur du volet de gauche : saint Christophe et la Vierge tenant l'Enfant et deux petites figures.

Haut., 1 m. 30 cent.; larg. du panneau central, 2 m. 20 cent.

HOBBEMA (attribué à MEINDERT)

35 — *L'église de campagne.*

Des villageois sont arrêtés au bord d'un chemin qui passe devant une grande porte cintrée, contourne une église en briques à fenêtres ogivales et va se perdre dans l'éloignement d'une campagne boisée; à gauche, au premier plan, une petite mare et un grand chêne devant une cabane.

Bois. Haut., 68 cent.; larg., 52 cent.

HOLBEIN (École de)

36 — *Portrait d'homme.*

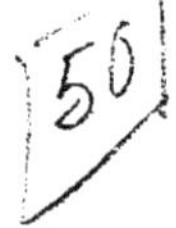

Il porte une barbe rousse, vêtu de noir et coiffé d'une toque, tient ses gants de la main droite et de l'autre montre une bague avec chaton de rubis.

Bois. Haut., 37 cent.; larg., 27 cent.

HOLBEIN (attribué à)

37 — *Portrait d'homme.*

En buste, vêtu d'un manteau marron sur pourpoint à crevés, doublé de rouge. Coiffé d'une toque noire.

A droite, une armoirie dorée avec listel portant : *Anno Salvtis 1541, Etatis 33,* et un monogramme.

Bois. Haut., 44 cent.; larg., 38 cent.

HOLBEIN (École de)

38 — *Portrait d'un gentilhomme.*

A mi-corps, barbe rousse, coiffé d'une toque et vêtu d'un pourpoint noir, il tient ses gants de la main gauche et présente de l'autre un œillet.

En haut, à gauche, un écusson armorié.

Bois. Haut., 55 cent.; larg., 42 cent.

HOOGH (attribué à P. DE)

39 — *La missive.*

Assise à une table sur laquelle est posée la cage d'un perroquet, une dame hollandaise, en corsage de satin rose et jupe écarlate, trempe un biscuit dans un verre de vin. Un homme debout, le chapeau à la main, lui présente une lettre. Une fenêtre ouverte laisse pénétrer un rayon de soleil qui illumine la tenture en cuir de Cordoue tapissant la pièce. — A droite, une porte donne accès sur un parc.

Toile. Haut., 58 cent.; larg.; 52 cent.

HOOGH (attribué à P. DE)

16 — *Les musiciens*.

Trois jeunes femmes, dont l'une assise au premier plan, vêtue d'un corsage jaune, chante en tenant un cahier de musique. Devant elles un jeune homme pince de la guitare.

Bois. Haut., 19 cent.; larg., 27 cent.

INCONNU (xve siècle)

17 — *Portrait de Charles VI, roi de France*.

Tête de profil à droite, bonnet fourré.
Peinture sur fond doré.

Haut., 15 cent.; larg., 13 cent.

INCONNU (xvie siècle)

42 — *Saint Louis et saint Claude.*

En adoration devant la Vierge et l'Enfant Jésus.

Bois. Haut., 1 m. 50 cent.; larg., 1 m. 40 cent.

JORDAENS

43 — *Tête de vieillard.*

Toile. Haut., 74 cent.; larg., 62 cent.

JORDAENS (attribué à)

44 — *Hercule combattant un lion.*

Toile. Haut., 95 cent.; larg., 80 cent.

HUYSMANS (Cornelis)

45 — *Paysage.*

46 Terrains éboulés sur la lisière d'un bois.

Toile. Haut., 50 cent.; larg., 60 cent.

46 — *Pendant du précédent.*

Colporteurs et muletiers au repos sur une route, au pied de terrains sablonneux que frappe un rayon de soleil.

Toile. Haut., 50 cent.; larg., 60 cent.

KESSEL (JAN VAN)

47 — *Poissons.*

Une raie, des bars, un brochet, une sole et quelques coquillages déposés sur la plage, au bord de la mer. A quelque distance voguent plusieurs barques de pêcheurs.

Signé en bas à gauche : I. V. KESSEL, F.

Cuivre. Haut., 18 cent ; larg., 24 cent.

KEYSER (THÉODORE DE)

48 — *Portrait d'une dame hollandaise.*

Représentée en buste, presque de face, coiffée d'un bonnet de linon. Une fraise empesée s'arrondit autour du cou, se détachant sur sa robe de soie noire à passements et galons de même couleur.

Très beau portrait, d'une grande vérité et d'une admirable exécution.

Bois. Haut., 31 cent.; larg., 24 cent.

KEYSER (attribué à Tʜ.)

49 — *Portrait d'un gentilhomme.*

Debout, vu à mi-jambes, en casaque et manteau de soie noire avec col bordé de guipure.

Il est tête nue, porte la moustache et la barbiche, la main gauche ramenée sur la poitrine.

Bois. Haut., 31 cent.; larg., 21 cent.

MAES (N.)

5o — *Portrait d'un magistrat hollandais.*

En buste de face, manteau violet, bordé de fourrure, représenté dans un médaillon ovale.

Bois. Haut , 34 cent.; larg., 26 cent.

METZU (d'après)

51 — *Femme à sa toilette.*

— Elle est assise devant un miroir posé sur une table où se trouvent également une brosse et une serviette; vêtue d'une jupe rouge, d'un fichu et d'un tablier blancs.

Bois. Haut., 20 cent.; larg., 17 cent.

METZU (d'après)

52 — *Le joueur de violoncelle.*

Toile. Haut., 60 cent.; larg., 48 cent.

MIERIS (François van)

670

53 — *La visite à l'ermite.*

Une femme en robe de satin jaune et manteau de velours grenat, un pot en grès sous le bras, s'approche d'un ermite à longue barbe blanche, assis dans sa cellule. Un petit épagneul blanc est couché par terre.

Signé et daté.

Bois. Haut., 23 cent.; larg., 19 cent.

MIERIS (Willem van)

610.

54 — *Le galant message.*

Un page en habit de velours bleu, le sabre au côté, sa toque rouge à la main, s'incline avec respect devant une dame somptueusement vêtue à qui il vient de remettre une missive cachetée. Cette dame est debout auprès d'une console en marbre et tient une mandoline. Un beau lévrier est devant elle. Une vieille femme, en costume de religieuse, se tient debout accoudée sur un siège, dans l'embrasure d'une fenêtre cintrée ayant vue sur la façade d'un château.

Bois. Haut., 33 cent.; larg., 27 cent.

MOMMERS (HENRI)

55 — *Bestiaux au pâturage.*

Une vache rousse debout, une vache blanche, une chèvre et deux moutons couchés dans un pré, à côté d'un buisson; à gauche, assis sur un tertre, un petit pâtre joue du flageolet.

Toile. Haut., 1 m. 15 cent.; larg., 1 m. 66 cent.

MOSTAERT

56 — *Jésus guérissant les malades.*

Bois. Haut., 55 cent.; larg., 74 cent.

NEER (A. VAN DER)

57 — *Rivière de Hollande; clair de lune.*

La lune sort des nuages qui tourbillonnent à l'horizon et illumine tout à coup leurs innombrables contours, comme dans un ciel d'apothéose. Elle projette une longue traînée lumineuse sur la rivière bordée d'arbres, d'habitations, de moulins. Au loin, sur la partie éclairée du ciel et de l'eau, se profile en noir la silhouette d'un bateau. En premier plan, un homme et un enfant, suivis d'un chien, sont arrêtés près d'un palis sur une langue de terre où se dresse un grand peuplier. A droite, un homme armé d'un long bâton traverse une passerelle.

Signé des initiales.

Bois. Haut., 45 cent.; larg., 70 cent.

NEER (A. VAN DER)

58 — *Clair de lune.*

A gauche, un village sur le bord d'une rivière; au fond à droite, un pont à trois arches; au premier plan, plusieurs paysans.

Bois. Haut., 35 cent.; larg., 48 cent.

NEER (A. VAN DER)

59 — *Crépuscule.*

La lune se cache à l'horizon, que l'on découvre à l'embouchure d'une rivière.

Au premier plan, des arbres abattus et cinq bestiaux au bord de l'eau.

A gauche, au fond, on aperçoit des cabanes dans les arbres, et plus loin, l'entrée d'un port. Ciel nuageux.

Bois. Haut., 32 cent.; larg., 45 cent.

NEER (attribué à AART VAN DER)

60 — *Un incendie.*

A gauche, plusieurs maisons construites au bord d'un canal sont la proie des flammes qui s'élancent des toitures au milieu d'une épaisse fumée envahissant le ciel. On aperçoit dans l'éloignement une ville importante avec ses nombreux clochers et son port de mer.

Bois. Haut., 19 cent.; larg., 35 cent.

OSTADE (ADRIEN VAN)

61 — *Les politiques de cabaret.*

Tableau provenant de la galerie du vicomte du Bus de Gisignies. Il est ainsi décrit dans le catalogue rédigé par M. Édouard Fétis :

« Un intérieur de cabaret. Sur le devant, vu de dos, un homme en veste brune, manches lie de vin, chapeau de feutre noir à bord relevé sur le devant, est assis sur une chaise à dossier bas, tenant un papier (lettre ou journal) de la main droite et un verre de vin de la main gauche, appuyée sur une table. Il parle à un homme en jaquette verte et bonnet rouge, qui est debout, vis-à-vis de lui, de l'autre côté de la table, tenant sa pipe d'une main et de l'autre un petit fourneau en terre, faisant le geste d'allumer sa pipe tout en discutant avec son interlocuteur. Pour la vérité de l'expression, pour la justesse du mouvement, ces deux figures sont parfaites. A droite, une cloison en planches cachant en partie une haute cheminée qui garnit le fond de la pièce. Près de cette cheminée, des pipes accrochées au mur, au-dessus desquelles une planche suportant des objets de ménage.

Collection Schamp d'Avescoot, Gand, 1840. — De M. Étienne Leroy en 1851.

Bois. Haut., 22 cent.; larg., 19 cent.

OSTADE (ADRIEN VAN)

62 — *Type de paysan.*

Vu en buste, la tête presque de profil, inclinée sur la poitrine; costume marron.

Toile. Haut., 13 cent.; larg., 12 cent.

OSTADE attribué à A. VAN)

63 — *Le fumeur.*

Assis sur une chaise, il tient sa pipe de la main droite.

Cadre ancien.

Bois. Haut., 17 cent.; larg., 14 cent.

ORLEY (ÉCOLE de VAN)

64 — *La Vierge, Jésus et sainte Élisabeth.*

Forme cintrée. Bois. Haut., 47 cent.; larg., 34 cent.

POTTER (attribué à PAUL)

65 — *Chiens au repos.*

Deux chiens, dont un lévrier blanc moucheté, se reposent auprès d'une barrière en planches ; près d'eux, quelques ustensiles de chasse. Vers le fond, un chasseur descend la pente d'un coteau.

Ce petit tableau, d'un ton blond et harmonieux, et d'une facture très remarquable, est signé de l'initiale P.

1480

Bois. Haut., 19 cent.; larg., 16 cent.

POURBUS (attribué à)

66 — *Portrait d'homme.*

Bois. Haut., 45 cent.; larg.. 38 cent.

POURBUS (genre de)

67 — *Portrait de femme.*

De face, avec cornette et large fraise tuyautée,
Cadre incrusté d'ivoire.

Toile. Haut., 56 cent.; larg., 39 cent.

REMBRANDT (Harmens van Ryn, dit)

68 — *Portrait d'une vieille femme.*

Ce portrait est celui d'une bonne vieille dame à l'âge de quatre-vingt-sept ans, comme l'indique l'inscription placée dans le fond à gauche.

Elle est vêtue d'un vêtement noir garni de fourrures, et assise dans un grand fauteuil, les mains croisées. La tête fine et spirituelle est entourée par les blancs de la collerette et du bonnet; le fond est clair et coloré en même temps; il est impossible de rendre avec plus de vérité et de largeur les mille détails de la tête et des mains.

C'est une œuvre de cette coloration chaude et dorée si particulière à Rembrandt. On ne peut voir une figure plus vivante et plus saisissante à la fois. Ce portrait peut être classé exceptionnellement dans l'œuvre du peintre.

Extrait du catalogue des 23 tableaux de San Donato.
Signé : REMBRANDT. F. 1640 ou 1646.
Cabinets de Gerrit, à Bruxelles.
    —   Muller, d'Amsterdam.
    —   Comte de Robiano.
    —   D. Nieuwenhuys.
    —   San Donato.
    —   B. Narischkine.

Gravé par Ramus.

Bois. Haut., 69 cent.; larg., 60 cent.

REMBRANDT (van Ryn)

69 — *Une Sibylle.*

6.500

Jeune femme vue à mi-jambes, debout, coiffée d'un turban enrichi de pierreries et d'un cordon de perles, la figure pensive, la tête inclinée en avant, accoudée du bras droit et tenant des deux mains un grand in-folio. Elle est vêtue d'une robe foncée à reflets verdâtres ; un manteau de drap d'or est jeté sur ses épaules. Dans le fond, un rideau brun relevé laisse voir les rayons d'une bibliothèque.

Toute la figure se modèle dans une ombre chaude et transparente, sous un rayon de lumière venant du haut, s'accrochant seulement aux contours du turban et à la silhouette des épaules. Peinture très énergique et d'une grande puissance d'effet.

Signé à droite et daté 1654.

A été gravé à la manière noire.

Collection Barnets.

Toile. Haut., 95 cent.; larg., 76 cent.

REMBRANDT (van Ryn)

70 — *La femme de Rembrandt, représentée en Pallas.*

12.000

Vue presque de face, à mi-jambes, ses longs cheveux bruns flottant sur les épaules, elle est vêtue d'une magnitique armure composée d'un casque garni de plumes, d'une cuirasse à ornements ciselés et d'une égide en fer repoussé décorée d'une tête de Méduse. La main droite armée du gantelet s'appuie sur le pommeau de l'épée. Un baudrier vert enrichi de pierreries est passé en écharpe sur la cuirasse au bas de laquelle est fixée une jupe de velours grenat bordée de passementeries d'or. Toute la figure brillamment éclairée se détache en lumière sur un mur de pierres percé d'une ouverture cintrée.

Ce tableau, d'une admirable facture et d'une superbe coloration, est signé en bas à gauche : REMBRANDT. F. 1633.

Il provient de la vente des œuvres d'art du château de Stowe, faite en 1848.

Toile. Haut., 1 m. 22 cent.; larg., 96 cent.

Les experts chargés de la vente, convaincus que ces deux derniers tableaux sont des œuvres authentiques de Rembrandt, les ont catalogués sous le nom du grand maître de la Hollande, l'un des plus illustres de la peinture. Ils croient devoir appeler, d'une manière toute spéciale, l'attention des amateurs sur ces deux tableaux. Ils observent cependant que les tableaux et les œuvres d'art anciens, voire modernes, sont parfois l'objet d'appréciations diverses et même diamétralement opposées.

Par conséquent et en raison de certains débats qui se sont déjà élevés, ils ne peuvent à cet égard que donner leur opinion en toute sincérité, et, déclinant toute responsabilité effective sur des œuvres d'une aussi haute importance, ils s'en remettent au jugement éclairé du public.

REMBRANDT (attribué à)

71 — *L'homme au bonnet fourré.*

Ses bésicles au bout des doigts, les deux mains posées
sur un livre fermé, un vieux rabbin est en méditation. Il
est coiffé d'un bonnet en peau de renard serré autour du
front par une écharpe de toile qui retombe sur le col de sa
robe de chambre ; un second volume et une mappemonde
se voient sur la table recouverte d'un tapis à haute laine.

Bois. Haut., 70 cent.; larg., 55 cent.

RUYSDAEL (Jacob)

72 — *Le pont de bois.*

Sur la lisière d'un bois sombre, coule un ruisseau que
traverse une passerelle rustique, menaçant ruine ; le tronc
d'un bouleau brisé par le vent est tombé sur la berge, en
travers du ravin. Deux vaches et trois chèvres, poussées par
un pâtre, franchissent le petit pont. Ciel nuageux.

Signé en bas, à droite, du monogramme.

Toile. Haut., 65 cent.; larg., 70 cent.

RUYSDAEL (attribué à J.)

73 — *Les trois hêtres.*

A l'entrée d'une forêt, s'étendant à gauche et éclairée
par un soleil d'automne, se détachent trois beaux hêtres.

A droite, un chemin serpente dans un paysage terminé
par des collines.

Au premier plan, un paysan assis et une pièce de bois étendue à terre.

Toile. Haut., 71 cent ; larg., 60 cent.

RUYSDAEL (Jacob)

74 — *Le moulin à vent.*

Un paysan à cheval passe devant un groupe de maisons aux toitures de chaume, gravissant le chemin qui conduit à un moulin de bois, construit au sommet d'une colline. Des planches, des troncs abattus, une palissade, des tas de briques, garnissent la pente du talus. A droite coule un petit cours d'eau, au delà duquel on aperçoit des coteaux vivement éclairés.

Les maisons se profilent en vigueur sur la partie lumineuse d'un ciel traversé par une longue traînée de nuages grisâtres.

Toile. Haut., 64 cent.: larg., 88 cent.

RUBENS (École de)

75 — *Pyrame se donnant la mort.*

Toile. Haut., 65 cent.; larg., 54 cent.

SCHOOREL (attribué à Jan van)

76 — *Le sommeil de Vénus.*

L'Amour armé de son arc s'approche de Vénus endormie sous une tente. Au fond, une armée assiégeant une ville.

Bois. Haut., 1 m.; larg., 30 cent.

STEEN (Jan)

77 — *Réjouissance villageoise.*

Buveurs et danseurs entremêlés sous une tonnelle, à
l'entrée d'un cabaret. Au premier plan, un homme offre
avec enthousiasme un verre plein à un gros compère qui
tient sa femme par la main. Une petite fille est à califour-
chon sur un bâton se terminant en tête de cheval. Au fond
à droite, il y a foule autour des tentes dressées devant les
maisons du village.

500

Bois. Haut., 19 cent.; larg., 24 cent. 1/2.

STEEN (Jan)

78 — *Tabagie.*

Auprès de la cheminée, dans une pièce abondamment
garnie d'ustensiles de ménage, un paysan et sa femme sont
attablés. Celle-ci, le pied sur une chaufferette, laisse tomber
sur le bord de la table sa tête alourdie par la boisson et
aussi par un malencontreux usage du tabac. La pipe, cause
de tout le mal, gît en morceaux sur le carreau. L'homme,
fier de sa supériorité, sourit dédaigneusement et continue à
fumer et à boire.

860

Ce tableau qui était de belle qualité a été dénaturé par
la restauration.

Bois. Haut., 38 cent.; larg., 30 cent.

3

STEEN (attribué à JAN)

79 — La consultation.

860

Une dame est étendue sur un lit de repos; le médecin lui tâte le pouls. Mais le cas n'est pas grave à en juger par la mine réjouie des assistants. L'un deux, un cuisinier, apporte en riant un pâté et un broc de bière.

Bois. Haut , 48 cent.; larg., 36 cent.

STEEN (attribué à JAN)

80 — Le montreur de marionnettes.

1500

Il fait la démonstration de son petit théâtre mécanique, entouré par la foule des villageois : homme portant deux seaux de lait, enfants émerveillés, vieille femme mettant ses bésicles, etc.

Signé en bas, à droite.

Bois. Haut., 52 cent.; larg., 42 cent.

TENIERS (D.)

81 — Le vigneron.

408

Couronné de pampres, en veste et tablier blanc, il tient une bouteille, et, levant son verre, il semble admirer la couleur du vin. Des grappes de raisin garnissent une plan-

che posée en travers sur deux tonneaux. Au fond, des ven-
dangeurs dans les vignes.

Bois. Haut., 23 cent.: larg., 16 cent.

TENIERS (attribué à David)

82 — *Le berger.*

Vu jusqu'aux genoux, couronné de pampres, une gourde
suspendue à la ceinture, la houlette appuyée contre son
épaule, il se dispose à jouer de la flûte. Fond de paysage
où l'on voit un berger et des moutons.

Toile. Haut., 6o cent.; larg., 5o cent.

83 — *La bergère.*

Jeune femme à longue chevelure blonde avec petit béret
bleu à plumes blanches, parure en perles, robe de soie
grise. Elle tient un tambour de basque. Dans le fond, un
berger sur la lisière d'un bois.

Toile. Haut., 6o cent.; larg., 5o cent.

TENIERS (attribué à)

84 — *Saint François et l'Enfant Jésus.*

Pastiche dans la manière des maîtres espagnols.

Toile. Haut., 25 cent.; larg., 20 cent.

TENIERS (d'après)

85 — *Les singes musiciens.*

Bois. Haut., 26 cent.; larg., 27 cent.

TERBURG (Gérard)

86 — *Portrait d'homme.*

Il est représenté debout à mi-jambes, en costume noir accoudé du bras gauche sur une table recouverte d'un tapis de velours rouge et sur laquelle sont posés un livre et le chapeau du personnage.

Collection Zampieri.

Bois. Haut., 39 cent.; larg., 30 cent.

87 — *Portrait de femme.*

Représentée à mi-jambes en costume noir, avec longue collerette à glands, les mains croisées et tenant une paire de gants. A sa droite, une table couverte d'un tapis rouge.

Collection Zampieri.

Bois. Haut., 39 cent.; larg., 30 cent.

TERBURG (attribué à GÉRARD)

88 — *Jeune femme se lavant les mains.*

Une dame hollandaise, debout, de profil, en casaque de   3.000
soie grise garnie d'hermine et jupe de satin blanc bordée
de galons noirs, trempe ses doigts dans le bassin d'or qu'une
servante tient d'une main, laissant couler de l'autre l'eau
d'une aiguière. — A droite, une boîte à poudre, un chan-
delier, un livre et un miroir sont placés sur une table
recouverte d'un tapis. Au fond, un lit à rideaux fermés.
Monogramme sur le pied d'un tabouret.

Terburg a peint plusieurs fois cette composition. Smith
en cite plusieurs répétitions, dont l'un figure dans la galerie
de Dresde. Ce tableau, légèrement épidermé en quelques
endroits, offre cependant des parties bien conservées et fort
belles qui semblent accuser le pinceau du maître.

Toile. Haut., 65 cent.; larg., 57 cent.

TERBURG (attribué à GÉRARD)

89 — *Le galant cavalier.*

Coiffé d'un bonnet rouge doublé de fourrure, portant   500
un habit bleu, une bandoulière de cuir et un manteau
jaunâtre, un cavalier courtise une dame hollandaise qui

baisse modestement les yeux. Elle est vue de profil, tenant sur les genoux un broc et un verre. Son costume se compose d'une robe jaune bordée de galons noirs, d'une casaque de velours vert garnie d'hermine, et d'un tablier brun.

Toile. Haut., 39 cent.; larg., 30 cent.

TERBURG (attribué à GÉRARD)

90 — *Portrait de femme.*

En buste de trois quarts, coiffée d'un petit bonnet en tulle noir, vêtue d'une robe de soie brune avec large guimpe en toile empesée.

En haut : « *A⁰ 1654 ætatis 25* » et le monogramme de Terburg.

Bois. Haut., 30 cent.; larg., 39 cent.

91 — *Portrait d'homme.*

Pendant du précédent.

En buste de trois quarts, cheveux bruns, fines moustaches. Pourpoint noir sur lequel se rabat le col de la chemise.

En haut : « *A⁰ 1654 ætatis 35* » et le monogramme de Terburg.

Bois. Haut., 30 cent.; larg., 39 cent.

VELDE (Adrien van den)

92 — *Le Christ au roseau.*

Les mains attachées, le corps enveloppé d'un manteau
violet, Jésus est assis dans le prétoire, au pied d'une
colonne cannelée. Un bourreau portant un casque, une
cuirasse et des gantelets, lui enfonce sur la tête une couronne d'épines. Deux hommes se prosternent dérisoirement
à ses pieds; l'un, vêtu de rouge, lui présente une tige de
roseau. A droite et à gauche, dans le fond de la pièce,
groupe d'hommes d'armes et de gens du peuple.

Signé sur une marche : *A. van de Velde* 1664.

480

Toile. Haut., 31 cent.; larg., 41 cent.

VELDE (attribué à A. van)

93 — *Le cheval blanc.*

Le paysage est traversé par un chemin sur lequel
un cheval blanc en liberté près d'un groupe de villageois.
A droite, sur un tertre, une chaumière.

440

Bois. Haut., 12 cent.; larg., 23 cent.

VOS (attribué à Martin de)

94 — *Portrait d'un gentilhomme.*

En costume du XVIe siècle, toque noire s'évasant du haut et à petit rebord, pourpoint brun, fraise et manchettes tuyautées, le manteau jeté sur une épaule. Il est blond et porte la barbe longue. Il tient ses gants et un œillet.

En haut, à gauche : un blason et la date 1573.

Bois. Haut., 57 cent.; larg., 42 cent.

WEENIX (Jean-Baptiste)

95 — *Portrait de petite fille.*

Fillette de cinq à six ans représentée debout dans la campagne, coiffée d'un chapeau de paille à plume rouge et vêtue d'une robe verte avec fichu blanc autour des épaules. Elle a des fleurs dans son tablier et semble jouer avec un autre enfant dont il ne reste plus qu'une partie de la figure, la toile ayant été malheureusement coupée.

Toile. Haut., 61 cent.; larg., 54 cent.

WEENIX (attribué à J.)

96 — *Nature morte.*

Oiseaux morts sur une table, recouverte d'un tapis rouge.

Cadre ancien.

Bois. Haut., 55 cent.; larg., 65 cent.

WEENIX (genre de)

97 — *Trophée de chasse.*

Un lièvre suspendu par les pattes à une branche d'arbre; à terre, des perdrix et autres oiseaux, une pomme et une grappe de raisin.

Toile. Haut., 87 cent.; larg., 67 cent.

WOUWERMAN (attribué à)

98 — *Le retour de la chasse.*

Composition d'un grand nombre de figures.

Bois. Haut., 49 cent.; larg., 64 cent.

WYNANTS (Jan)

99 — *Le monticule sablonneux.*

Une villageoise conduisant un âne chargé, un homme assis, un cavalier montant un cheval blanc, animent un chemin qui contourne un monticule vivement éclairé et couronné d'un massif d'arbres.

Les figures et les animaux sont de Lingelbach.

Bois. Haut., 26 cent.; larg., 35 cent.

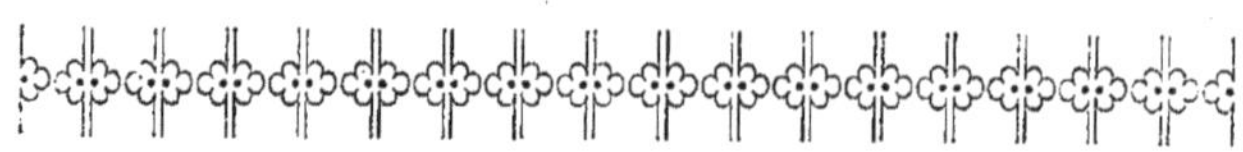

ÉCOLE FRANÇAISE

AUBRY

100 — *La surprise.*

Esquisse.

Haut., 32 cent.; larg., 25 cent.

AUBRY

101 — *Jeune fille.*

De profil à gauche, coiffe blanche avec ruban bleu, corsage de mousseline.

Toile ovale. Haut., 21 cent.; larg., 15 cent.

BOUCHER (François)

102 — *Le sommeil de Vénus.*

La tête ceinte d'un diadème en perles, ses cheveux blonds dénoués, la déesse est mollement étendue sur une grande draperie blanche, une main reposant sur l'épaule de son fils, penché en avant comme pour recommander le silence. Une étoffe de velours rouge se drape en larges plis autour de la déesse ; et l'on voit à gauche son char en forme de conque dorée, ainsi que les deux colombes et le carquois de l'Amour.

Ce tableau semble appartenir à la première manière du maître, et avoir été peint à l'époque de son voyage en Italie.

Signé à droite

Toile. Haut., 1 m. 18 cent.; larg., 1 m. 90 cent.

BOUCHER (attribué à FR.)

103 — *La musique pastorale.*

Adossé contre un vieux mur tapissé de plantes grimpantes, un berger joue du chalumeau, contemplant sa bergère langoureusement couchée à ses pieds. Les moutons paissent dans les hauts herbages qui avoisinent la lisière du bois.

Toile. Haut., 95 cent.; larg., 1 m. 25 cent.

103 bis — *Les oiseleurs.*

Une jeune fille tenant une couronne de fleurs, et un berger tendant la corde du filet à capturer les oiseaux, sont assis sous les arbres, à l'entrée d'un bois.

Toile. Haut., 95 cent.; larg., 1 m. 25 cent.

Deux agréables peintures décoratives largement exécutées. Elles ont figuré à l'exposition des Arts décoratifs.

BOUCHER (attribué à)

104 — *Jeune fille de profil.*

En buste, corsage vert décolleté.

Toile ovale. Haut., 57 cent.; larg., 47 cent.

BELLANGÉ (H.)

105 — *La petite bûcheronne.*

Toile. Haut., 18 cent.; larg., 13 cent.

BERCHÈRE

106 — *Les chevaux à l'abreuvoir. Kabylie.*

Bois. Haut., 32 cent.; larg., 45 cent.

CHARDIN (Siméon)

107 — *La ménagère.*

Elle est assise, vêtue d'une robe verte avec tablier blanc, des ciseaux suspendus à sa ceinture; sur ses genoux, une pièce d'étoffe qu'elle vient de ravauder.

Esquisse.

Toile. Haut., 28 cent..; larg., 21 cent.

CHARDIN (attribué à)

108 — *Portrait de femme*

Vue de face, coiffée d'un bonnet blanc et d'une pointe de dentelle noire nouée sous le menton. Un mantelet noir est passé sur sa robe de soie grise.

Toile. Haut., 60 cent.; larg., 50 cent.

CHARDIN (d'après)

109 — *Les pêches.*

Plusieurs pêches sur un plateau d'osier, un pâté, une bouteille et un verre, posés sur une table recouverte d'une nappe blanche.

Toile. Haut., 26 cent.; larg., 37 cent.

COYPEL (Charles-Antoine)

110 — *Portrait de l'acteur Poisson.*

Mine souriante, cheveux blonds bouclés, coiffé d'un feutre gris à bord relevé et orné d'un nœud rose, col à ouillons sur un pourpoint gris.

Toile. Haut., 53 cent.; larg., 43 cent.

DELACROIX (attribué à)

111 — *Son portrait par lui-même.*

En buste, le bras droit accoudé sur une table et tenant un livre.

Toile. Haut., 91 cent.; larg., 71 cent.

DESHAYS

112 — *Achille, enfant, plongé par sa mère Thétis dans les eaux du Styx.*

Peinture pour maquette de tapisserie

Toile. Haut., 61 cent.; larg., 78 cent.

DE TROY (J.-F.)

113 — *Portrait de jeune femme.*

Représentée de face, les mains l'une sur l'autre, accoudée sur un balcon et tenant une guirlande de fleurs. Elle est vêtue d'une tunique à manches courtes, serrée dans un corset doré et entourée d'une écharpe de soie qui ondule sous la brise. A gauche, deux colombes sont perchées sur les branches d'un arbre.

Toile. Haut., 80 cent.; larg., 65 cent.

DROLLING (attribué à)

114 — *La vertu en danger.*

Une jeune fille, les épaules recouvertes d'un fichu rouge et assise sur un grabat, contemple une bourse contenant des pièces d'or et d'argent.

Bois. Haut., 70 cent.; larg.. 56 cent.

DROUAIS (HUBERT)

115 — *Portrait de jeune femme.*

Cheveux poudrés, robe rouge décolletée et garnie de fourrure ; nœuds de soie blanche bordés de galons noirs, autour du cou et au devant du corsage.

Gracieux portrait, d'une fraîcheur remarquable et d'une parfaite conservation.

Toile. Haut., 60 cent.; larg., 49 cent.

DUMONSTIER

116 — *Portrait présumé du président Brisson.*

De trois quarts, tourné vers la gauche, coiffé d'un bonnet noir, il est revêtu d'une tôge rouge garnie de fourrure blanche. En buste.

Collection Signol.

Bois. Haut., 44 cent.; larg., 34 cent.

ÉCOLE FRANÇAISE

117 — *Portrait de jeune femme.*

En buste, corsage bleu décolleté garni de guipure, la chevelure poudrée ornée de roses et de perles, elle porte sur le bras gauche un manteau rose.

Toile. Haut., 57 cent.; larg., 46 cent.

ÉCOLE FRANÇAISE

118 — *Portrait présumé de Robespierre.*

En buste, habit violet garni de dentelle.
Ce portrait a été attribué à Greuze.

Toile ovale. Haut., 61 cent.; larg., 51 cent.

ÉCOLE FRANÇAISE

119 — *Portrait présumé de Marie-Antoinette à la Conciergerie.*

En buste.

Toile. Haut., 20 cent.; larg., 15 cent.

ÉCOLE FRANÇAISE

120 — *Portrait d'homme.*

En buste, vêtement bleu brodé d'or et manteau rouge.

Toile. Haut., 49 cent.; larg., 37 cent.

ÉCOLE FRANÇAISE

121 — *Bacchanale.*

Toile. Hant., 36 cent.; larg., 28 cent.

ÉCOLE FRANÇAISE

122 — *Quatre petits panneaux. Pots de fleurs près de treillages.*   **3 ¥ 0.**

Toile. Haut., 94 cent.; larg., 43 cent.

ÉCOLE FRANÇAISE

123 — *Portrait d'un savant.*

En buste, la tête de trois quarts à droite, il tient un compas de la main droite.

Toile ovale. Haut., 41 cent.; larg., 35 cent.

ÉCOLE FRANÇAISE

124 — *Portrait de femme.*

> Toile ovale. Haut., 80 cent.; larg . 62 cent.

ÉCOLE FRANÇAISE

125 — *Portrait de femme.*

> Toile ovale. Haut., 54 cent.; larg., 45 cent.

ÉCOLE FRANÇAISE

126 — *L'Afrique.*

Figure allégorique sous les traits d'une négresse portant une coupe de fruits.
Ce tableau a été attribué à Watteau.

> Haut., 88 cent.; larg , 65 cent

ÉCOLE FRANÇAISE

127 — *Portrait d'une religieuse.*

> Toile ovale. Haut., 39 cent.; larg.. 31 cent.

ÉCOLE FRANÇAISE

128 — *La mort d'un héros.*

Haut., 58 cent.; larg., 75 cent.

ÉCOLE FRANÇAISE

129 — *Portrait d'un artiste.*

En buste de trois quarts à droite, revêtu d'une blouse et tenant un crayon de la main droite.

Toile. Haut., 57 cent.; larg., 45 cent.

ÉCOLE FRANÇAISE

130 — *Jeune femme sortant du bain.*

A mi-corps, relevant sa chevelure de la main droite.

Haut., 63 cent.; larg., 53 cent.

ÉCOLE FRANÇAISE

131 — *Offrande à Flore.*

Toile. Haut., 12 cent.; larg., 26 cent.

ÉCOLE MODERNE

32 — *Sainte Thérèse en extase.*

Représentée assise revêtue de l'habit de Carmélite, les mains croisées sur les genoux.

Ce tableau porte la signature d'E. Delacroix et la date 1846.

Toile forme cintrée du haut. Haut., 1 m. 35 cent.; larg. 1 m. 40 c.

ÉCOLE MODERNE

133 — *Route contournant une montagne près d'un torrent.*

Toile. Haut., 27 cent.; larg., 42 cent.

ÉCOLE MODERNE

134 — *Portrait d'homme.*

Toile ovale. Haut., 58 cent.; larg., 47 cent.

ÉCOLE MODERNE

135 — *Le troupeau de moutons.*

Toile. Haut., 23 cent.; larg., 18 cent.

FLANDRIN (H.)

136 — *Tête de femme de profil à gauche.*

Étude.

Toile. Haut., 33 cent.; larg., 21 cent.

FRAGONARD (H.)

137 — *La fontaine.*

Deux enfants se suspendent au tablier d'une jeune fille qui emplit un seau à une fontaine de style égyptien, surmontée de statues supportant une sphère. A droite, deux dindons et, contre la porte d'un hangar, une amphore, un poêlon et des poteries.

Esquisse d'un effet très vigoureux.

Toile. Haut., 48 cent.; larg., 60 cent.

FRAGONARD (H.)

138 — *Les bergers.*

Plusieurs bergers sont étendus sur l'herbe et gardent leurs bestiaux; à droite, sur une route, un cavalier arrêté près d'un arbre.

Le paysage est traité dans la manière de Ruysdael dont l'artiste s'est souvent inspiré.

Toile. Haut., 37 cent.; larg., 45 cent.

GÉRICAULT (attribué à)

139 — *Le cuirassier.*

De grandeur naturelle, à mi-corps de profil à gauche
la tête découverte, la main gauche appuyée sur la hanche.
Répétition du tableau du Louvre.

Toile. Haut., 1 m.; larg., 79 cent.

GÉRICAULT (attribué à)

140 — *Étude pour le « Cuirassier blessé ».*

Toile. Haut., 52 cent.; larg., 43 cent.

GÉRICAULT (attribué à)

141 — *Portrait présumé de Chateaubriand.*

Représenté assis sur le rocher du Grand-Bey à St-Malo.

Toile. Haut., 55 cent.; larg., 45 cent.

GREUZE (attribué à)

142 — *La petite boudeuse.*

Une jeune paysanne, coiffée d'un bonnet blanc à rubans
bleus, est assise sur une chaise, la tête inclinée sur l'épaule
droite.

Toile. Haut., 46 cent.; larg., 38 cent.

GREUZE (attribué à J.-B.)

143 — *La petite pleureuse.*

On a infligé quelque pénitence à une blonde fillette qui, l'air contrit, des larmes dans les yeux, joignant les mains, semble implorer son pardon. Figure à mi-corps.

Quelques retouches, nécessitées par un accident dans la partie inférieure de la toile, ont altéré la finesse de ton des vêtements.

Toile. Haut., 45 cent.; larg., 36 cent.

GREUZE (attribué à J.-B.)

144 — *La petite liseuse.*

Une jeune fille étudie sa leçon dans un petit livre placé sur une table, à côté d'une corbeille.

Toile. Haut., 53 cent.; larg., 43 cent.

GREUZE (attribué à J.-B.)

145 — *Tête d'étude.*

Esquisse.

Toile. Haut., 41 cent.; larg., 32 cent.

GREUZE (attribué à J.-B.)

146 — *Tête d'étude.*

Esquisse.

Toile. Haut., 34 cent.; larg., 28 cent.

GREUZE (d'après)

147 — *La cruche cassée.*

Esquisse.

Toile ovale. Haut., 40 cent.; larg., 30 cent.

GRIMOUX

148 — *Portrait d'homme.*

De face, en buste, la joue appuyée sur la main droite, la tête enveloppée d'un foulard rouge.

Toile. Haut., 43 cent.; larg., 35 cent.

GRIMOUX

149 — *Portrait d'un jeune homme.*

A mi-corps, coiffé d'un chapeau à plumes, vêtu d'un habit de velours rouge à boutons dorés, il s'apprête à sortir son épée du fourreau.

Toile. Haut., 70 cent ; larg., 55 cent.

GRIMOUX

150 — *Portrait d'enfant.*

Représenté en buste, l'air souriant.

Toile. Haut., 36 cent.; larg., 30 cent.

HEINSIUS (Jean-Ernest)

151 — *Portrait de jeune femme.*

Vue de trois quarts, levant les yeux, ses longs cheveux dénoués flottant sur les épaules, la gorge nue, le visage souriant.

Toile ovale. Haut., 54 cent.; larg., 44 cent.

INGRES

152 — *Tête de jeune fille.*

Vue de trois quarts. Étude signée Ingres.
Vente Paravey.

Bois. Haut., 27 cent.; larg., 21 cent.

INGRES

153 — *Deux études de bras.*

Pour la figure d'Apelles, dans l'«Apothéose d'Homère».
Signée Ingres.
Vente Lehmann.

Toile. Haut., 45 cent.; larg., 3o cent.

INGRES

154 — *Étude de pieds.*

Pour la figure de l'Iliade, dans l' «Apothéose d'Homère».
Toile marouflée sur panneau. Haut., 20 cent.; larg., 23 cent.

155 — *Étude de mains.*

Toile. Haut., 27 cent.; larg., 22 cent.

LANCRET

156 — *Panneau décoratif sur fond doré.*

Des rinceaux, entremêlés d'attributs champêtres et de
deux figures de joueurs de flageolet et de tambour de basque, encadrent un médaillon ovale entouré de rocailles et
représentant un sujet de deux figures.

Haut., 75 cent.; larg., 58 cent.

LANCRET (d'après)

157 — Récréation dans le parc.

Après le repas servi dans un parc près d'une rotonde
de marbre, plusieurs couples galants s'ébattent joyeusement
pendant que l'un deux danse le menuet.

Au fond, deux musiciens cachés dans les arbres et des
serviteurs apportant des corbeilles de fruits.

Toile. Haut., 96 cent.; larg., 1 m. 25 cent.

LANCRET (attribué à)

158 — Scène tirée d'un conte de La Fontaine.

Grisaille.

Toile. Haut., 44 cent.; larg., 26 cent.

LARGILLIÈRE (attribué à)

59 — Portrait de femme.

En buste, robe brodée, corsage décolleté, avec manteau
rouge qu'elle retient de la main droite.

Toile. Haut., 76 cent.; larg., 61 cent.

LARGILLIÈRE (école de)

160 — *Portrait d'homme*.

En buste, habit brodé à fleurs, jabot de dentelle, coiffe de soie noire.

Toile. Haut., 57 cent.; larg., 48 cent.

LEBRUN (genre de Mme)

161 — *Portrait de jeune femme*.

Toile. Haut., 23 cent.; larg., 18 cent.

LOO (van)

162 — *Portrait d'homme*.

En buste.

Toile. Haut., 19 cent.; larg., 16 cent.

LOO (J.-B.)

163 — *Portrait d'homme*.

Représenté à mi-corps, en habit gris perle, avec gilet brodé d'or et jabot de dentelle, la main gauche passée sous le gilet.

Toile. Haut., 72 cent.; larg., 59 cent.

LORRAIN (Claude Gelée, dit le)

164 — *La fuite en Égypte.*

Guidée par deux anges, la sainte Famille voyage dans une campagne plantée de grands arbres. Une éclaircie à droite laisse voir une rivière traversée par un pont à trois arches et un lointain de montagnes azurées sous un ciel empourpré par le couchant.

En bas, on distingue les traces de la signature et la date 1647.

820

Toile. Haut., 34 cent.; larg., 40 cent.

LORRAIN (attribué à Claude)

165 — *Paysage boisé.*

Au premier plan, deux villageois amènent un troupeau de vaches à l'abreuvoir. A droite, un bouquet de grands arbres. A gauche, un monument en ruines au sommet d'un rocher escarpé.

640

Toile. Haut., 72 cent.; larg., 95 cent.

LORRAIN (attribué à Claude)

166 — *Les bergers.*

Dans un sité boisé, près d'un escarpement où l'on

660

aperçoit un château avec tour, des bergers gardent leurs troupeaux.

Au fond, une plaine, bornée par des montagnes, est éclairée par le soleil couchant.

Toile. Haut., 62 cent.; larg., 91 cent.

MOREAU (Louis)

167 — *Le pavillon dans le parc.*

Toile. Haut., 20 cent.; larg., 26 cent.

MOREAU (genre de L.)

168 — *Paysage.*

Berger conduisant son troupeau au tournant d'une route, à quelque distance d'une maison bâtie sur une hauteur.

Bois. Haut., 26 cent.; larg., 38 cent.

MARILHAT

169 — *Musicien arménien.*
Étude.

Toile. Haut., 31 cent.; larg., 22 cent.

MÉLIN

170 — *Chien rapportant un faisan.*

Toile. 1 m. 30 cent.; larg., 88 cent.

NATTIER (J.-M.)

171 — *Portrait de Waldemar, comte de Lowendalh.*

A mi-corps, de face, les cheveux frisés et poudrés, il porte une cravate à gros nœud de soie noire, une cuirasse à laquelle est attachée la croix de Saint-Louis et des manches en velours rouge.

Collection Laperlier.

Haut., 65 cent.; larg., 54 cent.

NATTIER (attribué à)

172 — *Portrait de Mademoiselle ***.*

En buste de trois quarts, regardant de face, la chevelure poudrée et ornée de fleurettes.

Corsage de soie blanche, un manteau jaune couvrant l'épaule droite, un ruban autour du cou.

Toile. Haut., 57 cent.; larg., 47 cent.

NATOIRE (genre de)

173 — *Vénus et Adonis.*

Toile. Haut., 38 cent.; larg., 29 cent.

OUDRY (attribué à)

174 — *Bertrand et Raton.*

Bois. Haut., 40 cent.; larg., 33 cent.

PAGNEST

175 — *Esquisse du portrait de M. Nanteuil.*

Représenté assis devant un bureau.

Toile. Haut., 28 cent.; larg., 23 cent.

PAGNEST (attribué à)

176 — *Portrait de jeune homme.*

Toile. Haut., 40 cent.; larg., 32 cent.

PARROCEL

177 — *Portrait d'un chasseur.*

Tête nue, vêtu d'un habit bleu à boutons dorés, assis
sur un tertre, tenant son fusil et caressant son chien qui
pose les pattes de devant sur ses genoux. Par terre, à gauche, divers accessoires de chasse.

Toile. Haut., 1 m. 42 cent.; larg., 1 m. o8 cent.

PATER (d'après)

178 — *La baigneuse.*

Une jeune femme est assise au bord d'un cours d'eau,
sa jupe rose est relevée sur ses genoux, derrière elle un
faune assis au pied d'un arbre, et une autre baigneuse à
demi cachée.

Fond de paysage.

Toile. Haut., 25 cent.; larg., 31 cent.

PILS

179 — *Tête de zouave.*

Étude.

Toile. Haut.; 3o cent.; larg., 22 cent.

PRUD'HON (PIERRE)

180 — *Minerve conduisant le Génie de la peinture au séjour de l'Immortalité.*

800

Haut., 5o cent.; larg., 36 cent.

PRUD'HON (attribué à PIERRE)

181 — *L'Assomption de la Vierge.*

Esquisse du tableau du Louvre.

Toile. Haut., 32 cent.; larg., 25 cent.

PRUD'HON (attribué à)

182 — *Portrait présumé de Mlle Duchesnoy.*

Représentée dans le rôle de la reine Artémise, enveloppée d'un voile de deuil. Figure en buste.

Toile. Haut., 5o cent.; larg., 38 cent.

PRUD'HON (genre de)

183 — *La mise au tombeau.*

Toile. Haut., 39 cent.; larg., 31 cent.

PRUD'HON (d'après)

184 — Portrait de femme.

Assise, vue à mi-corps, en corsage décolleté, un ruban rouge dans la chevelure.

Toile ovale. Haut., 28 cent.; larg., 22 cent.

PRUD'HON (d'après)

185 — Christ en croix.

Esquisse.

Cuivre. Haut., 28 cent.; larg., 22 cent.

PRUD'HON (d'après)

186 — L'assomption.

Esquisse.

Toile. Haut., 27 cent.; larg., 18 cent.

PRUD'HON (genre de)

187 — La Vierge.

De profil à droite, une main sur la poitrine.

Toile. Haut., 54 cent.; larg., 54 cent.

PRUD'HON (attribué à)

188 — *Portrait de J.-B. Regnault, académicien.*

Haut., 54 cent.; larg., 45 cent.

PRUD'HON (genre de)

189 — *Silène ivré, une nymphe et deux amours.*

Esquisse en grisaille.

Toile. Haut., 15 cent.; larg., 23 cent.

RIGAUD (attribué à)

190 — *Portrait de femme.*

Dame âgée, coiffée d'un bonnet blanc et d'un capuchon noir. En buste et de trois quarts.

Toile. Haut., 46 cent.; larg., 38 cent.

RIGAUD (attribué à)

191 — *Portrait d'un prince du sang.*

De face, en buste, revêtu de la cuirasse et d'un manteau, il porte la grande perruque poudrée

Toile. Haut., 80 cent.; larg., 64 cent.

RIGAUD (attribué à H.)

192 — *Portrait de femme.*

Les épaules entourées d'une écharpe violette qui se drape sur une robe de drap d'or.

Toile. Haut., 80 cent.; larg., 64 cent.

ROSLIN (LE CHEVALIER)

193 — *Portrait du comte d'Houdetot.*

En buste, presque de face, en habit bleu et jabot de dentelle, il tient une tabatière.

A droite, on lit : *Peint par le ch^er Roslin.* 1791.

Toile. Haut., 63 cent.; larg.. 50 cent.

RAFFET (attribué à)

194 — *Portrait de jeune homme.*

Toile. Haut., 20 cent.; larg., 15 cent.

SCHWITER (baron DE)

194 bis. — *Portrait de M. X.*

Ce portrait porte une fausse signature d'Eugène Delacroix.

Toile. Haut., 60 cent.; larg., 48 cent.

VALIN

195 — *Portrait du duc d'Angoulême.*

Représenté en pied sur le quai d'un port de mer.

Toile. Haut., 21 cent.; larg., 16 cent.

VERNET (attribué à H.)

196 — *Portrait du prince Poniatowski.*

Toile. Haut., 0 m. 90 cent.; larg., 72 cent.

VERNET (attribué à H.)

197 — *Portrait du duc d'Angoulême.*

Toile. Haut., 15 cent.; larg., 12 cent.

WATTEAU (Antoine)

198 — *Vénus et l'Amour.*

L'Amour nu se hausse pour atteindre des fleurs que sa mère lui présente dans un pli de sa jupe.

Esquisse exécutée sous l'influence des maîtres vénitiens.

Collection Camille Marcille.

Toile. Haut., 47 cent.; larg., 37 cent.

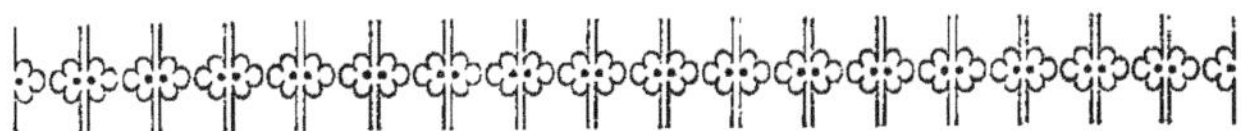

ÉCOLE ANGLAISE

CROME (Old)

199 — *Paysans près d'une forêt.*

> Bois. Haut., 28 cent.; larg., 41 cent.

GAINSBOROUGH (attribué à Th.)

200 — *Bestiaux à l'abreuvoir au soleil couchant.*

> Toile. Haut., 25 cent.; larg., 35 cent.

LAWRENCE (attribué à)

201 — *Portrait de Miss ***.*

De trois quarts à droite, nœud rose dans les cheveux, coiffée d'une mantille, l'épaule recouverte d'un châle rouge.

> Toile ovale. Haut., 45 cent.; larg., 36 cent.

REYNOLDS (SIR JOSHUA)

202 — *Portrait de Mary Wharton, Mme Garland.*

A mi-corps, en robe verdâtre, décolletée, un ruban noir autour du cou, la main droite sur la hanche ; elle lève la main gauche d'un geste indicateur.

Toile. Haut., 72 cent.; larg., 58 cent.

TURNER (attribué à)

203 — *Montagnes avec glaciers.*

Deux pendants.

Toile. Haut., 1 m.; larg., 1 m. 27 cent.

ÉCOLES

ITALIENNE ET ESPAGNOLE

ANDRE DEL SARTE (attribué à)

204 — *Portrait d'un médecin.*

Debout, [vu à mi-corps, la main droite appuyée sur
une tête de mort, il est vêtu d'un manteau vert.

Toile. Haut., 90 cent.; larg., 68 cent.

BASSANO (Ecole des)

205 — *Portrait d'homme.*

Coiffé d'un chapeau noir à larges bords, vêtu d'un
pourpoint rouge recouvert aux épaules d'une pèlerine
noire; il est assis sur un tertre, tenant un instrument de
musique. A droite, au fond, des bestiaux entourent un
abreuvoir à quelque distance d'une ferme. Ciel sombre.

Toile. Haut., 1 m. 04 cent.; larg., 85 cent.

BASSAN (attribué au)

206 — *Portrait d'un pénitent.*

Revêtu d'un surplis blanc, collerette de fourrure, les mains jointes devant un livre d'heures.

Bois. Haut., 75 cent.; larg., 59 cent.

BELLINI (École des)

207 — *La Vierge et l'Enfant Jésus.*

Marie tient dans ses bras l'Enfant Jésus qui a les mains croisées sur sa poitrine; une couronne attachée à une guirlande feuillagée est suspendue au-dessus de la tête de la Vierge. Fonds de paysage avec monuments.

Bois. Haut., 76 cent.; larg., 56 cent.

BONIFAZIO

208 — *La Vierge, Jésus, saint Jean et sainte Catherine.*

Dans un paysage, la Vierge tient l'enfant Jésus sur ses genoux, à gauche, saint Jean-Baptiste étendu à ses pieds et appuyé sur un mouton; à droite, un ange présente un vase.

Bois. Haut., 44 cent ; larg., 66 cent.

CANO (Alonzo)

209 — *Saint Jérôme.*

Le saint est agenouillé à l'entrée d'une grotte et reçoit
du ciel un pain que lui apporte une colombe.

A terre, une tête de mort et deux livres ouverts.

Au bas, à droite, les initiales de l'artiste A⁰. C⁰. F¹.

Toile. Haut., 1 m. 65 cent.; larg., 1 m. 15 cent.

CIMA DA CONEGLIANO (Giovanni-Batista)

210 — *Le Christ bénissant.*

Représenté de face, en buste, la main droite levée pour
bénir, vêtu d'une robe rouge à galons d'or et d'un manteau bleu doublé de jaune; une draperie verte retombe
derrière lui; à droite, la vue se porte sur un paysage
montagneux.

Bois. Haut., 54 cent.; larg., 51 cent.

CRIVELLI (attribué à)

211 — *Tête de Christ.*

Bois. Haut., 28 cent.; larg., 25 cent.

DOSSO-DOSSI

212 — *Jésus et la Samaritaine.*

La Samaritaine, debout contre le puits, a posé son seau de cuivre sur l'appui de la margelle, et écoute avec recueillement les paroles du Christ, assis sur un banc de pierre. A droite, à l'entrée d'une allée d'arbres, le groupe des apôtres. Au fond, une ville construite au sommet d'une montagne.

Bois. Haut., 54 cent.; larg., 79 cent.

DOSSI-DOSSO

213 — *La Vierge, l'Enfant Jésus et saint Joseph dans un paysage.*

Bois, cintré. Haut., 33 cent.; larg., 24 cent.

ÉCOLE ITALIENNE

214 — *Saint Augustin.*

Représenté sur un nuage soulevé par deux anges ; le saint Esprit plane au-dessus de sa tête.

Bois. Haut., 42 cent.; larg., 24 cent.

ÉCOLE ITALIENNE

215 — *Saint Jean.*

Bois. Haut., 23 cent.; larg., 18 cent.

ÉCOLE ITALIENNE

216 — *Saint Jérôme et un évêque.*

Bois. Haut., 26 cent.; larg., 20 cent.

ÉCOLE ITALIENNE (xvᵉ siècle)

217 — *Deux petits panneaux provenant d'un cas-
sone.*

Sujets ayant trait à l'histoire d'un prince.

Bois. Haut., 14 cent.; larg., 36 cent.

ÉCOLE ITALIENNE

218 — *Tête d'homme grimaçant*

Bois. Haut., 22 cent.; larg., 18 cent.

ÉCOLE BOLONAISE

219 — *Deux saints.*

Toile. Haut., 3o cent.; larg., 25 cent.

ÉCOLE FLORENTINE (xv° siècle)

220 — *Sainte Catherine.*

Bois. Haut.,   cent.; larg.,   cent.

ÉCOLE FLORENTINE PRIMITIVE

221 — *Portrait d'un noble personnage.*

Représenté suivi d'un chien, marchant dans un fourré de verdure.

A droite, et à gauche deux blasons.

Bois, forme ronde. Diam., 56 cent.

ÉCOLE FERRARAISE

222 — *L'ordination d'un diacre.*

Toile. Haut., 37 cent.; larg., 25 cent.

ÉCOLE MILANAISE

223 — *La Vierge et l'Enfant Jésus.*

Bois. Haut., 40 cent.; larg., 36 cent.

ÉCOLE SIENNOISE (xve siècle)

224 — *La résurrection.*

Jésus sort d'un tombeau de marbre, orné d'arabesques, devant lequel sainte Madeleine et saint Jean d'Arimathie sont prosternés.

Plusieurs têtes de saints, entourées de nimbes dorés, se détachent sur le fond, ainsi que divers attributs de la Passion.

Bois. Haut., 33 cent.; larg., 22 cent.

ÉCOLE VÉNITIENNE

225 — *L'adoration de la croix.*

Toile cintrée. Haut., 44 cent.; larg., 22 cent.

ÉCOLE VÉNITIENNE

226 — *Jésus et la Samaritaine.*

Bois. Haut., 45 cent.; larg., 30 cent.

ÉCOLE VÉNITIENNE

227 — *Portrait d'homme.*

Représenté assis, en robe et tenant un livre de la main gauche.

Bois. Haut., 20 cent.; larg., 15 cent.

ÉCOLE ESPAGNOLE

228 — *Portrait d'homme.*

De trois quarts à droite, légère moustache, chevelure bouclée.

Toile. Haut., 34 cent.; larg., 27 cent.

INCONNU (xvᵉ siècle)

229 — *La mise au tombeau.*

Six saints personnages, dont les visages éplorés témoignent de la plus grande douleur, procèdent à la mise au tombeau du Christ.

Tableau d'une grande expression.

Bois. Haut., 1 m. 15 cent.; larg., 77 cent.

FRANCIA (École des)

230 — *Le sommeil de l'Enfant Jésus.*

La Vierge agenouillée devant le divin Enfant, couché
à terre sur un manteau rouge; près de là, un champ de
fleurs, fond de montagnes,

Haut.,   cent.; larg.,   cent.

GADDI (École des)

231 — *L'Annonciation.*

L'Ange Gabriel, revêtu d'une tunique blanche, se pros-
terne aux pieds de Marie, assise sur un trône et tenant sur
les genoux un livre de piété. Nimbes, parementsdes costumes et fonds dorés.

Bois. Haut., 79 cent.; larg., 57 cent.

GIOTTO (École de)

232 — *La mort de la Vierge.*

Bois. Haut., 20 cent.; larg., 35 cent.

GOYA (Francisco)

233 — *Portrait d'un officier.*

Représenté en pied, dans un paysage, la main sur le pommeau de son sabre; il porte un bonnet à poil, une veste jaune à brandebourgs, une écharpe rouge nouée autour de la taille.

Toile. Haut., 74 cent.; larg., 54 cent.

GOYA

234 — *Portrait équestre de Charles IV, roi d'Espagne.*

Esquisse.

Toile. Haut., 34 cent.; larg., 25 cent.

GOYA

235 — *La sainte Messe.*

Cuivre. Haut., 40 cent.; larg., 32 cent.

GOYA (attribué à)

236 — *La sainte bénédiction.*

Toile. Haut., 78 cent.; larg., 95 cent.

GOYA (attribué à)

237 — *Portrait d'un général espagnol assis et tenant un livre de la main gauche.*

Toile. Haut., 87 cent.; larg., 70 cent.

GUARDI (Francesco)

238 — *La place Saint-Marc.*

La vue est prise de la mer, juste en face la tour de l'horloge. La Piazzetta forme le premier plan ; à droite, le palais des Doges, et plus loin la façade latérale de Saint-Marc ; à gauche, la Bibliothèque, le Campanile et la *loggietta*. Des seigneurs et des dames en promenade, des gens du peuple, des marchands ambulants, sont disséminés sur tous les plans de la place.

Œuvre importante, d'une coloration chaude et vigoureuse et d'une facture pleine d'impromptu et de brio.

Toile. Haut., 77 cent.; larg., 1 m. 14 cent.

GUIRLANDAJO (École des)

239 — *Sainte famille.*

La Vierge assise, vêtue d'une robe rouge et d'un manteau vert, tient l'Enfant Jésus debout sur ses genoux; à droite, saint Joseph; à gauche, un ange tenant une coupe de parfums.

Composition remplie de sentiment.

Bois cintré. Haut., 74 cent.: larg., 45 cent.

LIPPI (Fra Filippo)

240 — *La Vierge aux anges.*

Vêtue d'une robe rose et d'un manteau vert bordé d'un galon d'or enrichi de perles et de pierreries, la tête recouverte d'une voilette blanche, la Vierge présente une grenade à l'Enfant Jésus assis sur ses genoux. A droite, un ange en adoration, les mains croisées sur la poitrine; à gauche, un autre ange tenant un œillet. Pour fond, un paysage montagneux et boisé.

Œuvre de premier ordre pour la pureté du dessin et l'élévation du style.

Bois. Haut., 79 cent.; larg., 51 cent.

LIPPI (École des)

241 — *La Vierge et l'Enfant Jésus.*

Bois. Haut., 70 cent.; larg., 47 cent.

MASACCIO (attribué à)

242 — *Tête de Christ.*

Bois. Haut., 19 cent.; larg., 18 cent.

MAZZOLINI (de Ferrare)

243 — *La Circoncision.*

Au centre, le grand prêtre, assis sur une estrade, tient
l'Enfant Jésus sur ses genoux. Deux prêtres à ses côtés se
préparent à l'assister. Autour d'eux, nombreuse assemblée
de docteurs et personnages en riches costumes. A droite,
dans le groupe, on distingue saint Joseph et Marie dans
l'attitude de l'adoration.

Fond d'architecture.

Bois. Haut., 31 cent.; larg., 23 cent.

MONTAGNA (attribué à B.)

244 — *Le Christ en croix.*

Sainte Madeleine embrasse le pied de la Croix; à gauche, la Vierge et saint François; à droite, saint Jean et saint
Jérôme.

Collection de Lestang-Parade.

Bois. Haut., 56 cent.; larg., 48 cent.

MURILLO (attribué à)

245 — *La Salutation angélique.*

L'ange Gabriel porté sur un nuage présente une branche de lis à la Vierge Marie, agenouillée sur un prie-Dieu, les mains croisées sur la poitrine.

Toile. Haut., 46 cent.; larg., 38 cent.

MURILLO (attribué à)

246 — *Portrait d'un jeune abbé.*

A mi-corps, tenant sa barrette de la main gauche et montrant un crucifix.

Toile ovale. Haut., 95 cent.; larg., 72 cent.

MORONE (attribué à)

247 — *Portrait d'homme.*

En buste, de face, vêtu d'un pourpoint noir.

Bois. Haut., 5o cent.; larg., 44 cent.

MURILLO (École de)

248 — *Portrait d'un abbé.*

En buste, dans un médaillon ovale.

Toile. Haut., 25 cent.; larg., 20 cent.

MURILLO (École de)

249 — *L'Enfant Jésus.*

Esquisse.

Toile. Haut., 60 cent.; larg , 41 cent.

OGGIONE (MARCO DA)

250 — *Deux saints formant pendants.*

Collection Otto Mundler.

Bois. Haut., 47 cent.: larg., 27 cent.

PALMA VECCHIO (attribué à)

251 — *Tête d'un saint.*

Bois. Haut., 24 cent.; larg., 16 cent.

PALMEZZANO DA FORLI (MARCO)

252 — *Jésus portant la croix.*

Le Christ, couronné d'épines, penche la tête sur le montant de la croix qu'il porte sur l'épaule; un bourreau tire la corde nouée autour de son cou. Nicodème et Joseph d'Arimathie, placés à côté d'eux, sont vêtus de capes ornées de perles et de pierreries. Ces quatre figures sont vues en buste.

Signé sur un cartouche et daté 1525.

Bois. Haut., 58 cent.; larg., 80 cent.

PINTURRICHIO (BERNARDINO DI BENEDETTO dit, IL)

253 — *La mise au tombeau.*

Joseph d'Arimathie et Nicodème soutiennent le corps du Christ, et Madeleine agenouillée lui embrasse la main.

Bois cintré du haut. Haut., 76 cent.; larg., 1 m. 50 cent.

PINTURRICHIO (attribué à)

254 — *Tête de sainte.*

Bois. Haut., 17 cent.; larg., 12 cent.

RAPHAEL (École de)

255 — *La résurrection.*

Au centre de la composition, le Christ est debout sur le tombeau, tenant d'une main l'étendard crucigère ; de l'autre, il indique le ciel. Trois soldats assis par terre sont endormis ; un quatrième s'enfuit en levant les bras. Fond de paysage accidenté et planté de palmiers.

Cette peinture, dans le style de Pérugin et de Pinturrichio, offre une grande analogie avec les œuvres de la première manière de Raphaël, à qui elle est attribuée.

Bois. Haut., 46 cent.; larg., 41 cent.

RAPHAEL (École de)

256 — *La sainte famille dell' Impannata.*

Marie, sainte Anne et sainte Élisabeth portent et caressent l'Enfant Jésus qui passe les bras autour du cou de sa mère. A droite, le petit saint Jean, assis sur une peau de mouton et tourné vers le spectateur, désignant du doigt son divin Maître.

Bonne et agréable réduction, attribuée à JULES ROMAIN, du célèbre tableau de la galerie Pitti, représentant la Sainte Famille dite *dell' Impannata*, à cause du châssis de toile qui garnit la fenêtre, « Impannata » en langue florentine. En bas, à gauche, sont tracées les initiales de Raphaël et la date 1509.

Bois. Haut., 39 cent.; larg., 27 cent.

RAPHAEL (École de)

257 — *Sainte Cécile.*

Représentée en buste de profil à gauche, la tête nimbée, contemplant le ciel, les mains croisées sur la poitrine, elle est vêtue d'un corsage rouge à ornements dorés, avec manches vertes.

Bois. Haut., 47 cent.; larg , 35 cent.

RIBERA (attribué à)

258 — *Tête de vieillard.*

Toile. Haut., 61 cent.; larg., 45 cent.

SIGNORELLI (attribué à Luca)

259 — *Saint Jérôme.*

Bois. Haut., 67 cent.; larg., 48 cent.

SOLARIO (attribué à ANDRÉ)

260 — *Le Christ portant la croix.*

Collection de M. de la Rozière.

Bois. Haut., 35 cent. larg., 28 cent.

TITIEN (École du)

261 — *Portrait d'un cardinal.*

En buste, portant une longue barbe grise, coiffé d'un barrette rouge.

Toile. Haut., 74 cent.; larg., 58 cent.

TITIEN (École du)

262 — *Portrait d'une princesse.*

Debout, vue à mi-jambes, corsage cramoisi avec manches à crevés et jupe ponceau; la main droite sur le côté, et l'autre appuyée sur une table recouverte d'un tapis vert où se voient un collier de perles et un bijou.

Toile. Haut., 1 m. 10 cent.; larg., 83 cent.

TINTORETTO (Jacopo-Robusti, dit il)

263 — *Portrait du doge Marco-Antonio (1553).*

De trois quarts, en buste, longue barbe blanche, coiffé du bonnet et enveloppé du manteau ducal en brocart d'or.

Toile. Haut., 67 cent.; larg., 54 cent.

VÉRONÈSE (Paolo)

264 — *Une sainte.*

Représentée de face, en buste, vêtue d'une robe à reflets changeants, avec torsade d'étoffe brune faisant le tour du cou. Un ample manteau de brocart à ornements noirs retombe sur les épaules; les cheveux relevés sur le front sont à demi couverts par un voile brun, coquettement drapé à la mode vénitienne. La tête se détache sur un nimbe rosé. Fond d'architecture.

Toile. Haut., 73 cent.; larg., 61 cent.

VÉRONÈSE (École de Paul)

265 — *Allégorie de la justice.*

Toile. Haut., 1 m. 35 cent.; larg., 1 m. 02 cent.

VÉRONÈSE (École de)

266 — *Étude d'Anges.*

Pour plafond. Toile coupée.

Toile. Haut., 95 cent.; larg., 73 cent.

VERROCCHIO (attribué à ANDREA DEL)

267 — *La Vierge aux anges.*

480

L'Enfant Jésus, debout sur les genoux de sa mère, lui passe les bras au cou. De chaque côté est un ange agenouillé qui présente des fleurs.

Fond de paysage avec monuments.

Bois. Haut., 92 cent.; larg., 92 cent.

VINCI (École de LÉONARD DE)

268 — *Sainte Élisabeth et le jeune saint Jean.*

500

Assise au bord d'une rivière, elle se penche pour prendre dans ses bras l'enfant qui joue avec un agneau ; à gauche, de grands arbres ; dans le fond, un château fort.

Bois. Haut., 27 cent.; larg., 20 cent.

ZURBARAN

269 — *Une sainte martyre.*

Représentée assise et tenant une palme, vêtue d'une robe rouge et d'un manteau orné de broderies.

Toile. Haut., 1 m. 04 cent.; larg., 75 cent.

270 à 280 — *Tableaux non catalogués.*